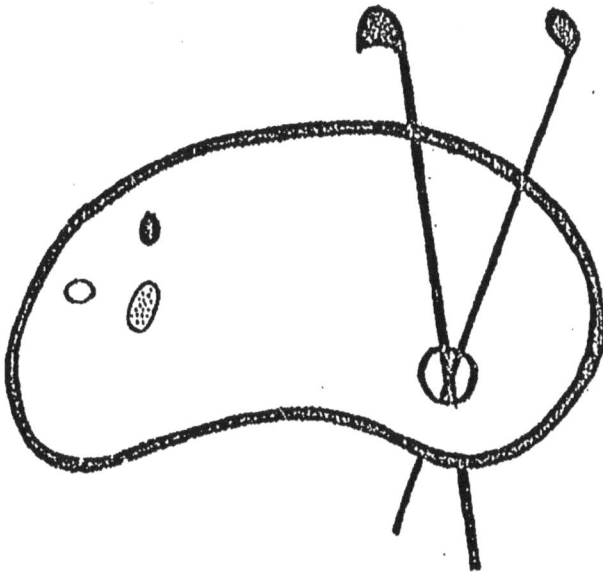

COUVERTURE SUPERIEURE ET INFERIEURE
EN COULEUR

DU

VRAI PRINCIPE ACTIF

DE

L'ÉCONOMIE POLITIQUE.

DU

VRAI PRINCIPE ACTIF

DE

L'ÉCONOMIE POLITIQUE,

OU

DU VRAI CRÉDIT PUBLIC.

────────────────────────

A LONDRES:

De l'Imprimerie de COOPER et GRAHAM, WILD
COURT, LINCOLN's-INN FIELS.

1797.

AVANT-PROPOS.

J'AI publié dernièrement à Londres un Traité sur l'Economie politique et morale de l'Espèce humaine, le fruit de trente années d'observations, de méditations et de travaux. Mais j'ai eu le malheur, que ni les principes, ni les moyens, sur lesquels j'ai fondé le système de mes doctrines, n'ont été compris dans ce pays-ci, pas même de ceux qui, par état, se vouent à rendre périodiquement compte au public des nouveaux livres qui paroissent, quoique le jugement des uns ait été moins confus et plus retenu que celui des autres.

J'ignore encore quel a été le sort
de mon ouvrage sur le continent
de l'Europe, et particulièrement
en France, où il a été demandé et
envoyé en assez grande quantité,
et où j'avois imaginé qu'il pourroit
être de quelque utilité.

Sans doute que j'ai dû à la sé-
cheresse de mon style, et à la mé-
thode inusitée et peu agréable que
j'ai suivie dans le développement
comme dans la démonstration de
mes doctrines, que si peu d'An-
glois ont eu le courage de me lire.

Quoi qu'il en soit, j'ai cru devoir
suivre le conseil que m'a donné
une personne de considération de
ce pays, pour le jugement de la-

quelle j'ai la plus grande déférence; c'est de développer d'une manière claire et totalement dégagée, non-seulement de tout rapport avec les raisons finales de l'univers, mais de toutes notions abstraites, ce que j'appelle Principe actif de l'Economie politique, et qu'on n'a pas trouvé suffisamment expliqué dans mon ouvrage. J'ose espérer d'avoir rempli cet objet dans l'écrit que je publie, et que j'ai eu soin de ne fonder, comme on le verra, que sur un très-petit nombre de principes simples et parfaitement intelligibles.

Je m'estimerois heureux, si la lecture de cet écrit pouvoit engager à revenir à celle de l'ouvrage, dont

il n'est qu'un précis très-succinct,
et le plus heureux des hommes, si
ceux qui gouvernent pouvoient se
convaincre, que de tous les moyens
imaginables, le Crédit public proposé est le seul, par lequel ils puissent enfin devenir capables de faire
prospérer leurs peuples imperturbablement, et de s'entourer eux-
mêmes de toute la splendeur et de
toute la magnificence qui ont dû
être l'inséparable apanage de leurs
hautes stations sur la terre.

Herrenschwand.

*Londres, le 25 août
1797.*

DU
VRAI PRINCIPE ACTIF
DE
L'ÉCONOMIE POLITIQUE.

Principes.

La vraie prospérité de tout peuple cultivateur, c'est-à-dire, de tout peuple sorti
de l'état de peuple chasseur ou pasteur,
est nécessairement fondée sur des progrès non interrompus et continuellement
croissans dans le développement de sa
population, de son agriculture et de sa
manufacture.

Car ne pas faire de pareils progrès est
nécessairement, pour tout peuple cultivateur, la même chose que décliner,
s'arrêter ou rétrograder dans sa prospérité, et par conséquent ne jouir que d'une
prospérité fausse.

A

Or il est de toute certitude, que nul peuple cultivateur ne peut devenir capable de faire des progrès non interrompus et continuellement croissans dans le développement de sa population, de son agriculture et de sa manufacture, s'il ne fait pas les mêmes progrès dans sa circulation générale, ou, ce qui est la même chose, dans la multiplication de ses échanges.

Pour rendre leurs échanges facilement praticables, les peuples cultivateurs sont convenus de les opérer avec l'intervention des métaux précieux, c'est-à-dire, de renoncer aux échanges en nature, et de recevoir les métaux précieux dans tous les cas, en échange des productions de leur agriculture et de leur manufacture.

Dès-lors il s'est établi dans les échanges de ces peuples une connexion si intime entre la masse des productions de leur agriculture et de leur manufacture et celle de leurs métaux précieux, qu'il n'a plus

été au pouvoir d'aucun peuple cultivateur
de faire des progrès non interrompus et
continuellement croissans dans sa circulation générale, sans faire de pareils progrès dans la multiplication de ses métaux
précieux.

Et c'est la raison, pourquoi l'expérience
n'a jamais montré aucun peuple cultivateur qui, avec l'intervention d'une masse
médiocre de métaux précieux dans ses
échanges, ait été capable de faire des
progrès sensibles dans sa prospérité ; ni
aucun qui n'ait fait dans sa prospérité de
grands progrès avec l'application d'une
grande masse de métaux précieux à sa
circulation générale ; ni enfin aucun qui
n'ait décliné ou rétrogradé dans sa prospérité, du moment où il s'est trouvé appau-
vri dans la masse de ses métaux précieux.

Mais pour qu'un peuple cultivateur
puisse devenir capable de faire des progrès non interrompus et continuellement

croissans dans le développement de sa prospérité, il ne suffit pas que ses gouverneurs lui multiplient continuellement ses métaux précieux; il faut, de plus, qu'ils les lui multiplient continuellement dans l'exacte proportion des progrès qu'il fait dans sa prospérité.

Car, si les gouverneurs d'un peuple cultivateur lui multiplioient ses métaux précieux dans une proportion plus grande que celle des progrès qu'il feroit dans le développement de sa prospérité, ils mettroient dans sa circulation générale plus de métaux précieux que n'en exigeroit l'augmentation dans la masse des productions de l'agriculture et de la manufacture, dont les progrès dans sa prospérité l'auroient enrichi; ils hausseroient donc naturellement le prix de ses choses, et cette hausse du prix de ses choses, en décourageant proportionnellement leur consommation, le feroit nécessairement décliner ou rétrograder dans sa prospérité.

Et si les gouverneurs d'un peuple cultivateur lui multiplioient ses métaux précieux dans une proportion moins grande que celle des progrès qu'il feroit dans le développement de sa prospérité, ils mettroient dans sa circulation générale moins de métaux précieux que n'en exigeroit l'augmentation dans la masse des productions de l'agriculture et de la manufacture, dont les progrès dans sa prospérité l'auroient enrichi ; ils aviliroient donc naturellement le prix de ses choses, et cet avilissement du prix de ses choses, en décourageant ses agriculteurs et ses manufacturiers proportionnellement dans leur travail, le feroit nécessairement décliner ou rétrograder dans sa prospérité.

Car, à chaque progrès qu'un peuple cultivateur fait dans sa prospérité répond nécessairement une augmentation dans la masse des productions de son agriculture et de sa manufacture, puisque ce n'est que de cette seule manière qu'il peut prospérer ;

et à chaque augmentation qu'un peuple
cultivateur donne à la masse des productions de son agriculture et de sa manufacture, doit nécessairement répondre dans
sa circulation générale une augmentation
égale dans la masse de ses métaux précieux, puisque ce n'est qu'ainsi que le prix
de ses choses peut rester le même, et par
conséquent ne jamais décourager ni leur
consommation ni leur production.

C'est aux trop grandes proportions dans
lesquelles l'Espagne a appliqué les métaux
précieux à son économie politique après
la découverte des mines de l'Amérique,
qu'elle a dû l'anéantissement de son agriculture et de sa manufacture. Et si l'on n'a
vu nulle part sur la terre les peuples cultivateurs capables de se maintenir dans
les progrès de leur prospérité imperturbablement, c'est-à-dire, sans jamais en
décliner ou rétrograder; c'est parce qu'on
a perpétuellement laissé ces peuples dans
la multiplication de leurs métaux précieux

au-dessous des besoins de leur circulation générale.

Il résulte de ce petit nombre de principes indubitables dans l'économie politique des peuples cultivateurs, que c'est immuablement sur deux conditions fondamentales que porte le développement imperturbable de la vraie prospérité de ces peuples. La première de ces conditions est, que les gouverneurs de tout peuple cultivateur aient continuellement le commandement absolu de tous les métaux précieux, qu'exigent nécessairement des progrès non interrompus et continuellement croissans dans le développement de sa population, de son agriculture et de sa manufacture ; la seconde, qu'ils proportionnent continuellement la multiplication de ses métaux précieux aux progrès dans sa prospérité.

Voilà tout ce qu'exige et en quoi consiste le système entier du gouvernement des peuples cultivateurs, si gouverner ces peuples doit nécessairement avoir pour objet final de les rendre imperturbablement heureux. Et toute autre manière de développer à un peuple cultivateur sa population, son agriculture et sa manufacture, c'est-à-dire, tout autre système d'économie politique, sur tels expédiens qu'on puisse chercher à le fonder, et tels encouragemens qu'on puisse prodiguer à son succès, ne peut perpétuellement avoir pour résultat qu'une prospérité nécessairement sujette à décliner, s'arrêter et rétrograder, et par conséquent fausse.

Commerce Extérieur.

On voit donc la grande raison pourquoi il n'a jamais été au pouvoir d'aucun peuple cultivateur de la terre de prospérer imperturbablement, et par conséquent sans jamais décliner, s'arrêter ou rétrograder en prospérité.

Car, comment ceux qui jusqu'ici ont conduit l'économie politique des peuples cultivateurs, auroient-ils pu devenir capables de multiplier et de proportionner continuellement la masse des métaux précieux aux progrès dans la prospérité, lorsqu'ils n'ont jamais su se ménager pour cet effet le commandement des métaux précieux nécessaires, et qu'ils n'ont connu jusqu'à ce jour pour tout moyen d'enrichir leurs peuples de métaux précieux que le commerce extérieur.

Le commerce extérieur peut bien apporter à un peuple cultivateur les métaux précieux des autres peuples ; mais ce qu'il est moralement impossible qu'il puisse faire, c'est d'apporter continuellement à un peuple cultivateur les métaux précieux des autres peuples dans ces proportions régulièrement croissantes, qu'exige nécessairement le cours imperturbable de sa prospérité.

Car les balances du commerce extérieur étant par leur nature sujettes aux plus irrégulières variations, puisqu'elles ne sont ni ne peuvent continuellement être dans chaque peuple cultivateur, que les résultats de circonstances contingentes et par conséquent précaires ; il est impossible que dans aucun peuple cultivateur elles puissent répondre à des progrès non interrompus et continuellement croissans dans sa prospérité, puisqu'il est impossible qu'aucun peuple cultivateur puisse se promettre d'augmenter par leur moyen la masse de ses métaux précieux dans une

progression non interrompue et continuellement croissante.

Il faut donc de toute nécessité qu'un
peuple cultivateur, qui fonde la multiplication de ses métaux précieux sur le commerce extérieur, subisse continuellement
dans les progrès de sa prospérité autant
de révolutions irrégulières, et par conséquent de contrariétés, qu'il en subit dans
les balances de ce commerce.

Si sa balance favorable se change en
balance moins favorable, c'est-à-dire, en
balance qui lui apporte moins de métaux
précieux, il faut nécessairement qu'il décline; si elle se change en balance indiffé-
rente, c'est-à-dire, en balance qui ne lui
apporte ni ne lui enlève des métaux précieux, il faut nécessairement qu'il s'arrête; et si elle se change en balance défa-
vorable, c'est-à-dire, en balance qui lui
enlève des métaux précieux, il faut nécessairement qu'il rétrograde en prospérité.

Car on doit regarder comme une vérité absolue dans l'économie politique, que dans le cours naturel des choses nul peuple cultivateur, qui pratique ses échanges avec l'intervention des métaux précieux, ne peut décliner, s'arrêter ou rétrograder dans la multiplication de ces métaux, sans décliner, s'arrêter ou rétrograder aussi en prospérité.

Cette indubitable vérité, que l'expérience a confirmée universellement dans tous les peuples cultivateurs commerçans, offre la preuve démonstrative, que nul peuple cultivateur, qui fonde le développement de sa prospérité sur le commerce extérieur, ne peut devenir capable de prospérer imperturbablement, puisqu'il ne peut jamais être en son pouvoir de se garantir des variations irrégulières, auxquelles les balances du commerce extérieur sont continuellement sujettes, et qu'il n'en peut éprouver aucune sans décliner, s'arrêter ou rétrograder dans sa prospérité.

Dans quel étonnement ne doit-on donc pas être, que de tous ceux qui se sont érigés en instructeurs des autres dans l'économie politique, aucun n'ait jamais su voir le commerce extérieur dans sa vraie nature; et que ni la raison, ni l'expérience n'aient été capables de leur faire sentir combien étoit illusoire et fausse l'opinion qu'ils se formoient de la puissance de ce commerce dans le développement de la prospérité des peuples cultivateurs?

Car la raison ne prouve-t-elle pas démonstrativement, qu'il n'est au pouvoir d'aucun peuple cultivateur de faire des progrès non interrompus et continuellement croissans dans le développement de sa prospérité, s'il ne fait pas de pareils progrès dans sa circulation générale, et par conséquent dans la multiplication de ses métaux précieux; et l'expérience ne prouve-t-elle pas indubitablement, qu'il n'est au pouvoir d'aucun peuple cultivateur de se procurer par le commerce ex-

térieur des balances non interrompues et
continuellement croissantes ?

Pour avoir perpétuellement voulu faire
prospérer les peuples cultivateurs par le
commerce extérieur , il faut donc nécessairement qu'on ait perpétuellement imaginé, qu'il n'a dû être au pouvoir d'aucun
peuple cultivateur de prospérer autrement, c'est-à-dire, de développer sa prospérité par des progrès non interrompus et
continuellement croissans ; et de-là, que
tôt ou tard décliner, s'arrêter et rétrograder dans leur prospérité, a dû être
l'inévitable sort des peuples cultivateurs,
et par conséquent le seul que ces peuples
ont pu exiger et obtenir de leurs gouverneurs.

Mais la suite de cet écrit fera voir qu'il
n'existe pas sur la terre un seul peuple
cultivateur, qui ne puisse devenir capable
de s'élever imperturbablement à toute sa
prospérité possible , puisqu'il prouvera

qu'il n'en existe aucun, auquel ses gouverneurs ne puissent devenir capables de
multiplier sans cesse les métaux précieux
ou leurs équivalens, comme le demandent
nécessairement des progrès non interrompus et continuellement croissans dans sa
circulation générale.

Mines des Métaux Précieux.

Tout ce qu'on vient de dire de l'impuissance du commerce extérieur dans le développement de la vraie prospérité des peuples cultivateurs, s'applique également aux mines des métaux précieux, parce que nul moyen, qui n'est pas susceptible de progrès non interrompus et continuellement croissans dans le développement de sa puissance, ne peut être applicable comme principe actif à l'économie politique d'aucun peuple cultivateur.

Les mines des métaux précieux ne sont le partage que d'un très-petit nombre de peuples cultivateurs; et une grande proportion même des métaux précieux que ces mines produisent, n'entrent point comme monnoies dans la circulation générale de ces peuples, mais sont continuellement appliqués à une multitude d'autres usages.

Cette observation générale sur les mines des métaux précieux indique aux peuples cultivateurs clairement, qu'ils n'ont pas dû se reposer uniquement sur ces mines pour la multiplication progressive de leurs métaux précieux, ni par conséquent destiner ces métaux à devenir eux seuls le principe actif de leur économie politique, puisqu'ils n'auroient jamais pu se les procurer ni dans l'immense quantité, ni dans les justes proportions qu'auroient nécessairement exigé des progrès non interrompus et continuellement croissans dans leur circulation générale.

Car s'il est probable, comme on est fondé de le croire, que deux nations seules, la France et la Grande-Bretagne, auroient eu ensemble graduellement besoin, pour pouvoir s'élever imperturbablement à leur complète circulation générale, de beaucoup plus de métaux précieux en nature qu'il n'en circule dans l'Europe entière, on doit être certain que les mines de toute la

terre n'auroient jamais pu fournir à tous
les peuples cultivateurs assez de métaux
précieux pour les rendre capables de s'élever à toute leur prospérité possible.

On voit donc dans quelle erreur ont été
jusqu'ici les gouverneurs des peuples cultivateurs, lorsqu'ils ont perpétuellement
voulu faire prospérer ces peuples par les
seuls métaux précieux en nature qu'ils ti-
reroient, soit directement des mines, soit
indirectement par les balances du commerce extérieur, puisque c'est perpétuellement avoir voulu faire l'impossible.

Car, telle que puisse être la chose avec
l'intervention de laquelle un peuple cultivateur opère ses échanges et par conséquent sa circulation générale, s'il n'est
pas au pouvoir de ses gouverneurs de multiplier et d'appliquer cette chose indéfiniment à son économie politique; ils pour-
ront bien le faire jouir d'une prospérité
fausse, c'est-à-dire, qui tantôt avance et

tantôt décline ou rétrograde, mais jamais d'une prospérité non interrompue et continuellement croissante.

Les peuples cultivateurs auroient donc été condamnés à rester continuellement à une distance infinie de leur prospérité possible, et à ne pouvoir même jouir de leur foible prospérité que d'une manière précaire, si leurs gouverneurs n'avoient jamais su appliquer à leur circulation générale que des métaux précieux en nature.

Mais comment a-t-il donc pu devenir possible aux gouverneurs des peuples cultivateurs de suppléer à l'impuissance des mines dans la multiplication naturelle des métaux précieux de ces peuples ? Par la multiplication artificielle de ces métaux, c'est-à-dire par le crédit, puisque ce n'est que par ce moyen seul et par nul autre quelconque que chaque peuple cultivateur a pu devenir capable de prospérer imperturbablement, et par conséquent sans jamais décliner, s'arrêter ou rétrograder un seul instant dans sa prospérité.

Et comme on ne s'est formé jusqu'ici de ce précieux moyen dans l'économie politique des peuples cultivateurs que des idées très-imparfaites, et qu'il n'a jamais été appliqué dans sa vraie puissance á la circulation générale d'aucun peuple cultivateur, on va le développer clairement dans toutes ses conditions.

Crédit.

Le mouvement des métaux précieux dans les échanges des peuples cultivateurs peut être ou effectif ou représentatif; il est effectif lorsque les métaux précieux passent en nature des mains des acheteurs dans celles des vendeurs, et il est représentatif lorsque ces métaux sont représentés dans les échanges par des choses, non-seulement revêtues de toute leur valeur, mais encore du pouvoir de se réaliser en eux. C'est ce dernier mouvement des métaux précieux qu'on appelle leur mouvement artificiel, pour le distinguer du premier qui est leur mouvement naturel.

Les métaux précieux ont pu être représentés dans les échanges par une variété de choses; mais le papier est celle qu'on a généralement choisie pour cet effet, parce qu'il est, par sa nature, facilement transférable, et de plus, capable de représen-

ter sous un très-petit volume et un très-
léger poids les plus grandes sommes de
métaux précieux en monnoies.

On a soin d'exprimer distinctement sur
chaque pièce de papier les deux conditions
qui la constituent essentiellement dans son
caractère de représentant des métaux précieux, savoir, la quantité précise de ces
métaux qu'elle est destinée de représenter,
et le pouvoir de se réaliser en eux. Et pour
distinguer le représentant du représenté,
c'est-à-dire le papier des métaux précieux,
on lui donne le nom de crédit, parce que
tous ceux dans les mains desquels il passe
doivent avoir la plus entière confiance,
qu'il sera en leur pouvoir de le réaliser
précisément en la même quantité de métaux précieux qu'il représente.

On distingue le crédit en crédit public
et en crédit particulier. Le crédit public
d'un peuple cultivateur est celui sur lequel
est fondée sa circulation générale; et tout

crédit qui n'embrasse pas la circulation générale d'un peuple cultivateur n'est qu'un crédit particulier.

Il est manifeste que le crédit public a dû continuellement être le représentant et jamais le substitut des métaux précieux dans l'économie politique des peuples cultivateurs, puisque ce n'est qu'avec l'intervention des métaux précieux et non avec celle du simple papier, que ces peuples ont pu devenir capables de développer progressivement leur population, leur agriculture et leur manufacture.

Et comme le crédit public se seroit présenté sous la fonction de substitut et non sous celle de représentant des métaux précieux dans l'économie politique des peuples cultivateurs, s'il n'avoit pas été réalisable en ces métaux, il est évident que le pouvoir de se réaliser en métaux précieux a dû être inséparable de tout crédit public.

Cette importante distinction du crédit public en représentant, ou en substitut des métaux précieux dans la circulation générale des peuples cultivateurs, détermine clairement celle du papier en papier crédit ou en papier monnoie, c'est-à-dire le crédit public est papier crédit ou papier monnoie, suivant qu'il est revêtu ou destitué du pouvoir de se réaliser en métaux précieux.

Mais être réalisable en métaux précieux n'est pas encore tout ce qui distingue le papier crédit du papier monnoie dans l'économie politique des peuples cultivateurs; il faut, de plus, que le papier crédit se trouve continuellement revêtu dans le plus haut degré de certitude du pouvoir de se réaliser en métaux précieux, puisque c'est dans ce degré de certitude que tout attribut absolu doit exister dans la chose dont il détermine la nature.

Or, pour que le papier crédit se trouve

continuellement revêtu dans le plus haut degré de certitude du pouvoir de se réaliser en métaux précieux, il faut de toute nécessité deux choses ; la première, qu'il soit réalisable ou à volonté ou à des jours distinctement énoncés ; la seconde, que les métaux précieux qu'il représente soient continuellement prêts et déposés, soit immédiatement après son émission, soit avant les jours fixés à sa réalisation.

Car si un papier crédit n'étoit réalisable ni à volonté ni à des jours distinctement énoncés, il est clair que le pouvoir de se réaliser ne seroit pas certain en lui ; et si les métaux précieux qu'un papier crédit représente n'étoient pas prêts et déposés, soit immédiatement après son émission, soit avant les jours fixés à sa réalisation, il est clair que le pouvoir de se réaliser n'existeroit pas en lui dans le plus haut degré de certitude.

Ainsi, tout papier crédit qui n'est réa-

lisable ni à volonté ni à des jours distinctement énoncés, ou dont les métaux précieux ne sont pas prêts et déposés, soit
immédiatement après son émission, soit
avant les jours fixés à sa réalisation, ne
peut donner à ceux qui en sont porteurs
qu'une certitude morale de pouvoir le réaliser. Et comme toute certitude morale
n'est qu'une probabilité, il est manifeste
que moins les porteurs d'un papier crédit
sont certains de pouvoir le réaliser, plus
ce papier crédit approche de la nature de
papier monnoie.

Après avoir déterminé la vraie nature
de tout crédit public, c'est-à-dire de tout
papier crédit destiné à représenter les métaux précieux dans la circulation générale
des peuples cultivateurs, on va considérer
ce moyen important dans l'économie politique de ces peuples sous ses différens
degrés de puissance.

Le crédit public est susceptible de deux

fonctions totalement distinctes dans la circulation générale des peuples cultivateurs, car il peut ne faire rien de plus que de simplement représenter les métaux précieux dans les échanges de ces peuples, ou il peut, de plus, multiplier indéfiniment la puissance naturelle de ces métaux. Et voici en quoi consiste essentiellement la différence de ces deux espèces de crédit public.

Dans le premier cas, il faut nécessairement qu'il y ait continuellement autant de métaux précieux prêts et déposés, que les émissions du crédit public en représentent; mais dans le second, les émissions du crédit public peuvent représenter beaucoup plus de métaux précieux qu'il n'est nécessaire d'en tenir prêts et déposés.

A la première de ces deux espèces de crédit public, c'est-à-dire à celle qui n'a pour toute fonction que de simplement représenter les métaux précieux dans les échanges, appartient tout crédit public réalisable à volonté, puisqu'il est impossible qu'aucun crédit puisse être réalisable à volonté, s'il n'y a pas continuellement pour sa réalisation autant de métaux précieux prêts et déposés que ses émissions en représentent.

Car, quelqu'improbable qu'il puisse être, que tout le papier crédit, avec l'intervention duquel un peuple cultivateur opère sa circulation générale, soit présenté à-la-fois à sa réalisation, l'expérience n'a que trop prouvé que cela n'est pas impossible, et qu'un pareil événement peut être subitement provoqué par nombre de circonstances.

Ainsi, fonder la circulation générale d'un peuple cultivateur sur un papier crédit réalisable à volonté, et cependant ne tenir continuellement prêts et déposés qu'une partie des métaux précieux que les émissions de ce papier crédit représentent, parce qu'on peut imaginer de n'en avoir jamais qu'une partie à réaliser à-la-fois ; c'est témérairement asseoir la prospérité d'un tel peuple sur un fondement mal assuré, et par conséquent l'exposer dans son économie politique à la plus effrayante calamité, à l'interruption de sa circulation générale.

Telle étant la nature de tout papier crédit réalisable à volonté, on voit clairement qu'il est impossible qu'avec l'assistance d'un pareil papier crédit, aucun peuple cultivateur puisse devenir capable de développer sa prospérité par des progrès non interrompus et continuellement croissans ; et que ce moyen présente un principe actif aussi impuissant, et par conséquent aussi faux dans l'économie politique des peuples cultivateurs, que le sont les balances du commerce extérieur et les mines des métaux précieux.

Car, comme tout crédit public réalisable à volonté doit continuellement avoir

autant de métaux précieux, prêts et déposés que ses émissions en représentent,
si sa réalisation ne doit jamais dépendre
des circonstances et n'être que purement
contingente; il est évident qu'il ne peut
être au pouvoir d'aucun peuple cultivateur de faire des progrès non interrompus
et continuellement croissans dans les émissions d'un tel crédit, sans faire préalablement de pareils progrès dans la multiplication de ses métaux précieux.

Or, comme les seules sources dans lesquelles les peuples cultivateurs puissent
puiser leurs métaux précieux sont les mines et les balances du commerce extérieur,
et qu'il est impossible qu'aucun peuple
cultivateur se procure les métaux précieux
par ces deux moyens dans une progression
non interrompue et continuellement croissante, il est de toute évidence, que tout
peuple cultivateur qui ne fonde sa circulation générale que sur un papier crédit
réalisable à volonté, doit éternellement

rester dans sa population, dans son agriculture, et dans sa manufacture au-dessous de sa prospérité possible.

Qu'on ait cherché à représenter les métaux précieux dans les échanges par du
papier crédit, étoit indubitablement une
idée heureuse dans l'économie politique ;
et qu'on ait d'abord imaginé de rendre le
papier crédit réalisable à volonté, pouvoit être nécessaire pour familiariser les
hommes avec cette manière d'opérer leurs
échanges. Mais qu'on ait perpétuellement
laissé le crédit public dans son impuis-
sante enfance, a certainement lieu de sur-
prendre, et prouve manifestement qu'on
n'a jamais su en quoi a dû consister et par
quels moyens a dû pouvoir être imperturbablement développée la vraie prospérité
des peuples cultivateurs.

Car si on avoit su se convaincre, que
dans tout peuple cultivateur uue prospérité continuellement plus grande a dû né-

cessairement dépendre d'une circulation
générale continuellement plus grande, et
qu'une circulation générale continuellement plus grande a dû nécessairement
dépendre d'une masse de métaux précieux continuellement plus grande, il auroit été de toute impossibilité qu'on eût pu
fonder l'économie politique d'aucun peuple cultivateur sur un papier crédit réalisable à volonté, et par conséquent uniquement destiné à ne représenter, dans la
circulation générale, que précisément autant de métaux précieux qu'il obligeroit
d'en retrancher pour sa réalisation.

Ce n'est donc manifestement que sous la
seconde des deux grandes fonctions dont
le crédit public est susceptible, c'est-à-
dire sous celle de multiplier artificiellement la puissance naturelle des métaux
précieux, qu'il peut placer dans les mains
des gouverneurs des peuples cultivateurs
le commandement absolu de tous les métaux précieux nécessaires, pour élever ces

peuples graduellement à leur complète
circulation générale, et par conséquent
à toute leur prospérité possible.

Et comme ce crédit public n'a jamais été
pratiqué ni connu, quoiqu'il eût dû se présenter depuis long-temps, comme le seul
vrai principe actif de l'économie politique
des peuples cultivateurs, à l'esprit des
gouverneurs comme à celui des instructeurs de ces peuples ; on va le développer
clairement et dans ses conditions et dans
sa puissance, après avoir parlé des banques publiques de circulation, de l'importance desquelles on s'est formé jusqu'ici
de si fausses idées.

Banques Publiques de Circulation.

UNE banque publique de circulation est une association que forment entr'eux sous l'autorité du gouvernement des individus d'un peuple cultivateur, dans la vue d'entreprendre sa circulation générale avec l'intervention d'un papier crédit réalisable à volonté.

Ainsi, pour que le crédit des banques publiques de circulation pût être tel qu'elles l'annoncent et qu'elles s'engagent si formellement à le maintenir, c'est-à-dire, réalisable à volonté, il faudroit nécessairement qu'elles tinssent continuellement autant de métaux précieux prêts et déposés, qu'elles mettroient de papier crédit dans la circulation générale.

Mais c'est ce qu'elles ne font jamais; car comme elles ne s'attendent jamais à avoir à réaliser à-la-fois la totalité du crédit

qu'elles livrent à la circulation générale,
et que dans les circonstances ordinaires
l'expérience leur donne des notions assez
probables de la proportion de ce crédit
qu'elles peuvent avoir à réaliser annuellement; elles ne sont pas dans l'habitude de
tenir prêts et déposés plus de métaux précieux qu'il n'en faut pour répondre à cette
proportion. Et c'est de cette infidélité
qu'émanent immédiatement leurs profits.

Car les profits des banques publiques
de circulation consistent principalement à
escompter avec leur papier crédit des crédits particuliers, et à gagner sur ces escomptes, effectués en simple papier, le
même intérêt que donnent des escomptes
réalisés en métaux précieux. Et ce n'est
uniquement que pour avoir pénétré ces
profits dans les banques publiques de circulation et par nul autre motif, que des
individus se sont déterminés à fonder ces
banques dans quelques peuples cultivateurs.

Les banques publiques de circulation présentent donc manifestement dans leur institution des vices qui auroient dû les bannir à jamais de l'économie politique des peuples cultivateurs, si on n'avoit pas resté jusqu'à ce jour dans l'ignorance des vrais moyens, sur lesquels a dû être fondé le vrai développement de la prospérité de ces peuples.

Le premier vice de ces banques est, que dans toutes leurs opérations elles n'ont continuellement pour objet que leur propre prospérité, et jamais directement celle des peuples cultivateurs dans le sein desquels elles existent; et que ce n'est par conséquent qu'à leurs seuls intérêts, et non aux besoins de la circulation générale de ces peuples, qu'elles cherchent continuellement à ajuster les émissions de leur papier crédit.

Car toutes les fois qu'il est de l'intérêt de ces banques de restreindre ou de pro-

diguer les émissions de leur papier crédit,
et par conséquent de les laisser au-dessous
ou de les porter au-delà de leurs justes
proportions, elles s'y déterminent sans
égards quelconques pour les besoins de la
circulation générale, et sans jamais s'em-
barrasser de rien de plus que de leurs
propres convenances.

Ainsi s'être promis de l'institution des
banques publiques de circulation des progrès solides dans le développement de la
vraie prospérité des peuples cultivateurs,
étoit déjà se tromper infiniment, puisque
c'étoit attendre de ces banques ce qu'elles
n'avoient pas même la volonté de faire.

Mais quand on supposeroit que les banques publiques de circulation eussent pu
perdre de vue leurs propres intérêts, et
ne jamais se proposer autre chose dans
les émissions de leur papier crédit, que
des progrès non interrompus et continuellement croissans dans la circulation géné-

rale des peuples cultivateurs , il auroit
été de toute impossibilité qu'elles eussent
trouvé moyen de remplir cette tâche avec
un papier crédit réalisable à volonté ,
comme on l'a si démonstrativement prouvé
dans l'article précédent. Et c'est là le second vice que présentent ces banques dans
leur institution.

On voit donc combien a été illusoire ,
sous tous les rapports , l'opinion qu'on
s'est formée du mérite des banques publiques de circulation dans le vrai développement de la prospérité des peuples cultivateurs , puisque rien ne pouvoit être
plus chimérique que d'espérer de ces banques ce qu'elles n'avoient ni la volonté ni
le pouvoir d'effectuer.

Il reste à tracer la raison qui peut avoir
donné lieu à une aussi grande erreur dans
l'économie politique, que l'est celle d'avoir
considéré les banques publiques de circulation , comme des établissemens d'une

efficacité importante dans le développement progressif de la prospérité des peuples cultivateurs.

L'expériencé a montré des peuples cultivateurs qui, après avoir long-temps
langui dans le développement de leur
prospérité, ont enfin fait des progrès sensibles dans leur population, dans leur
agriculture et dans leur manufacture, du
moment où des banques publiques de circulation se sont établies dans leur sein,
et ont entrepris leur circulation générale
par le crédit. Et c'est de ces faits qu'on est
parti pour se persuader que ce n'étoit qu'à
des banques publiques de circulation, que
les peuples cultivateurs pouvoient devoir
des progrès réels dans leur prospérité.

Mais ce n'étoit pas assez d'avoir appris
de l'expérience que des peuples cultivateurs ont dû aux banques publiques de
circulation l'avancement de leur prospérité, pour regarder ces banques comme

des moyens importans dans l'économie politique, il falloit nécessairement savoir de quelle nature a pu être la prospérité, qu'elles ont été capables de développer dans des peuples qui leur ont confié leur circulation générale; et c'est ce qu'on va voir.

Il est manifeste que les banques publiques de circulation, en émettant une plus grande proportion de papier crédit qu'elles ne gardent de métaux précieux prêts et déposés pour sa réalisation, augmentent par-là artificiellement la masse des métaux précieux dans les échanges, et par conséquent la circulation générale. Et comme augmenter la circulation générale d'un peuple cultivateur est nécessairement augmenter sa prospérité, on voit clairement comment les peuples cultivateurs ont pu devoir des progrès dans leur population, dans leur agriculture et dans leur manufacture, aux opérations des banques publiques de circulation.

Mais comme multiplier à un peuple cultivateur la chose, avec l'intervention de laquelle il opère ses échanges, sans la lui multiplier continuellement dans l'exacte proportion des progrès qu'il fait dans le développement de sa population, de son agriculture et de sa manufacture, n'est le faire jouir que d'une fausse prospérité, il est évident que nul peuple cultivateur ne peut devenir capable de prospérer régulièrement par une banque publique de circulation qui, dans les principes de son institution, ne cherche continuellement à adapter les émissions de son papier crédit qu'à ses propres circonstances.

D'ailleurs, quand les banques publiques de circulation auroient pu se déterminer à ne jamais émettre ni plus ni moins de papier crédit que n'en auroient exigé des progrès non interrompus et continuellement croissans dans le développement de la prospérité des peuples cultivateurs, comment auroit-il été possible qu'elles eussent été capables, sans le plus effrayant danger pour ces peuples, de multiplier indéfiniment un papier crédit pour la réalisation duquel elles n'auroient jamais pu tenir prêts et déposés qu'une très-foible proportion de métaux précieux?

Car dans leurs principes constitutifs, il faut, de toute nécessité, que les banques publiques de circulation émettent continuellement beaucoup plus de papier crédit qu'elles ne tiennent de métaux précieux prêts et déposés, puisque de là leur viennent tous leurs profits, et que ce n'est que pour ces profits seuls que des individus ont eu l'idée de fonder ces banques.

Il faut donc aussi, de toute nécessité, que la plus grande partie du papier crédit que les banques publiques de circulation émettent ne soit jamais revêtu dans le plus haut degré de certitude du pouvoir de se réaliser en métaux précieux, et se trouve par conséquent destitué de la plus absolue

condition qu'exige nécessairement tout papier crédit qui doit avoir la puissance d'é-
lever les peuples cultivateurs à toute leur
prospérité possible.

Et quoique dans les circonstances ordinaires un pareil papier crédit puisse être
long-temps reçu avec confiance dans la
circulation générale, il est de toute impossibilité qu'aucune banque publique de
circulation ait la certitude que tôt ou tard
des circonstances imprévues n'en forcent
sur elle à-la-fois beaucoup plus qu'elle
n'est capable de réaliser, et ne le dépouil-
lent ainsi dans l'opinion publique de toute
valeur, et par conséquent de toute fonction dans les échanges.

On a été assez inconsidéré pour s'être
laissé éblouir par les grandes propriétés
que possèdent généralement les banques
publiques de circulation, soit en créances
sur leurs gouvernemens, soit en terres et
autres biens fonds, et pour avoir vu dans

ces propriétés un gage suffisant de la solidité de leur papier crédit, sans réfléchir que ce n'est pas de la solidité définitive du papier crédit de ces banques, mais de l'inviolable stabilité de ses fonctions dans les échanges que dépend le salut des peuples qui leur confient leur circulation générale.

Une banque publique de circulation peut bien, en réalisant ses propriétés, devenir capable de satisfaire avec le temps les porteurs de tout le papier crédit, qu'il n'auroit pas été en son pouvoir de réaliser à présentation; mais elle n'en auroit pas moins amené sur le peuple, qui se seroit reposé sur elle pour sa circulation générale, la plus grande de toutes les calamités, l'interruption de ses échanges par le total avilissement de la chose avec laquelle il auroit été dans l'habitude de les pratiquer.

Sous tel point de vue qu'on puisse donc envisager les banques publiques de circu-

lation, on ne voit en elles que des établissemens, non-seulement incapables d'as-
sister les peuples cultivateurs solidement
dans le développement progressif de leur
vraie prospérité, mais de plus infiniment
dangereux pour ces peuples par les revers,
auxquels nombre d'événemens peuvent
subitement exposer leur crédit.

Mais quelque grande que soit l'imper-
fection des banques publiques de circulation dans l'économie politique des peuples
cultivateurs, on auroit pu au moins ap-
prendre d'elles l'infaillible manière dont
tout peuple cultivateur peut devenir capable de faire des progrès dans le développement de sa population, de son agriculture et de sa manufacture, et l'on n'auroit plus eu qu'à découvrir comment ces
progrès pouvoient être non interrompus
et continuellement croissans.

Car s'il est certain que ce n'est uniquement que pour avoir livré à la circulation

générale plus de papier crédit qu'elles n'en retranchoient de métaux précieux, que les banques publiques de circulation ont été capables d'opérer des progrès dans la prospérité des peuples cultivateurs, il étoit clair que multiplier à un peuple cultivateur la masse de ses métaux précieux artificiellement, c'est-à-dire par le crédit, étoit un moyen infaillible de le faire prospérer.

Ainsi, pour faire prospérer les peuples cultivateurs imperturbablement, il n'y avoit plus qu'un pas à faire, celui de trouver un crédit qui n'eût aucune des imperfections de celui des banques publiques de circulation ; et c'est à développer un crédit aussi précieux dans l'économie politique de l'espèce humaine qu'on va vouer la dernière partie de cet écrit.

Vrai Crédit Public.

On a vu clairement dans les articles pré-cédens, pourquoi nulle part sur la terre il n'a été au pouvoir des peuples cultiva-teurs de faire des progrès non interrompus et continuellement croissans dans le dé-veloppement de leur prospérité, et que ce n'est que parce qu'on n'a jamais su ap-pliquer à l'économie politique de ces peu-ples que des moyens imparfaits et infini-ment disproportionnés dans leur puissance à la grandeur des effets qu'on s'en étoit promis. Et l'expérience ne laisse pas plus de doute sur cette fatale vérité que n'en laissent les raisons sur lesquelles on l'a établie d'une manière si démonstrative.

Car en portant les regards sur les peu-ples de l'Europe, en voit-on un seul qui, malgré tous ses efforts, ne reste perpétuel-lement bien au-dessous de sa population possible ? Un seul qui n'offre dans son sein

le honteux spectacle d'une grande étendue
de terres incultes, et d'une grande proportion d'hommes jouissant à peine des
premières nécessités de la vie? Un seul
dont la circulation générale ne soit des
plus désordonnées, trop abondante dans
des parties, et morte dans d'autres? Un
seul qui ne soit infiniment loin de déployer
sur son territoire cette magnificence en
richesses de la nature et en monumens
des arts, qui accompagneroit inséparable-
ment l'imperturbable développement de sa
population, de son agriculture et de sa
manufacture? En un mot, un seul dont la
prospérité, quelque florissante qu'il puisse
l'imaginer, ne soit pour ainsi dire pau-
vreté, lorsqu'on la compare avec toute
celle dont il deviendroit susceptible, par
la simple application à son économie politique d'un principe actif capable de la
développer?

Voilà comment le commerce extérieur,
les mines des métaux précieux et le crédit

réalisable à volonté, ont été capables de faire prospérer les peuples cultivateurs, et comment ces peuples continueroient à prospérer, si ceux qui les gouvernent persistoient à laisser leur économie politique fondée sur des moyens aussi impuissans.

Car s'il est démontré que nul peuple cultivateur ne peut devenir capable de développer sa vraie prospérité par la seule application des métaux précieux à sa circulation générale, il est manifeste que les peuples cultivateurs n'ont pu devoir jusqu'ici, et ne pourroient éternellement devoir au commerce extérieur et aux mines des métaux précieux qu'une fausse prospérité.

Et s'il est également démontré que nul peuple cultivateur ne peut devenir capable de développer sa vraie prospérité par un crédit qui exigeroit nécessairement, pour être sans cesse universellement réalisable 'dans le plus haut degré de certitude, qu'on

D

retranchât continuellement de la circulation générale précisément autant de métaux précieux que ses émissions en représenteroient, il est manifeste que les peuples cultivateurs n'ont pu devoir jusqu'ici, et ne pourroient éternellement devoir au crédit réalisable à volonté qu'une fausse prospérité.

Car ne faire prospérer un peuple cultivateur que d'une prospérité nécessairement sujette à décliner, s'arrêter et rétrograder, et qui par conséquent doit nécessairement disparoître tôt ou tard, et amener sur lui la misère; c'est manifestement ne le faire jouir que d'une prospérité fausse, puisque ce n'est que dans la jouissance d'un bien-être physique continuellement croissant que consiste la vraie prospérité de tout peuple cultivateur.

C'étoit certainement avoir fait une grande avance vers la perfection de l'économie politique des peuples que d'avoir imaginé de fonder leur circulation générale sur le crédit, puisque nul peuple n'auroit pu devenir capable de s'élever à sa vraie prospérité, s'il n'avoit jamais pratiqué ses échanges autrement qu'avec des métaux précieux en nature.

Mais le malheur a été qu'on n'a jamais su pénétrer la vraie raison pourquoi, avec l'intervention du crédit, les peuples cultivateurs ont dû pouvoir devenir plus capables de développer leur prospérité qu'avec celle des métaux précieux en nature.

Car si on avoit su se former une idée claire de la manière dont le crédit a pu acquérir la puissance d'élever les peuples cultivateurs à toute leur prospérité possible, il auroit été impossible qu'on eût pu imaginer cette puissance dans un crédit réalisable à volonté, c'est-à-dire dans un crédit incapable, si sa réalisation ne devoit pas perpétuellement être contingente, d'opérer une circulation générale plus grande que ne l'opéreroient les métaux précieux eux-mêmes s'ils circuloient en nature.

On auroit senti que nul crédit ne pourroit devenir capable de surpasser en puissance les métaux précieux, qu'autant qu'il représenteroit continuellement, dans la circulation générale des peuples cultivateurs, beaucoup plus de métaux précieux que n'en posséderoient et n'en pourroient jamais posséder ces peuples ; et l'on se seroit enfin convaincu que ce n'étoit que d'un crédit réalisable à des jours distinctement énoncés, et de nul autre quelconque, qu'on pouvoit se promettre ce suprême avantage.

Car c'est ce crédit seul qui, dans chaque peuple cultivateur, est susceptible d'être multiplié indéfiniment; c'est ce crédit seul qui, dans l'universalité de ses émissions, peut sans cesse être réalisable dans le plus haut degré de certitude ; c'est ce crédit seul qui n'exige continuellement pour sa réalisation qu'une modique masse de métaux précieux ; en un mot, c'est ce crédit seul qui peut multiplier indéfiniment la puissance naturelle des métaux précieux, et par conséquent rendre ces métaux artificiellement capables d'opérer dans chaque peuple cultivateur une circulation générale infiniment plus grande qu'ils ne pourroient l'opérer naturellement, c'est-à-dire par eux-mêmes.

Ce n'est donc aussi que ce crédit seul qui réunit en lui toutes les conditions qu'exige d'une manière si absolue le vrai principe actif de l'économie politique de l'espèce humaine, c'est-à-dire le vrai moyen par lequel les gouverneurs de la terre peuvent devenir capables de créer sur cette planète un nouvel ordre de choses, en la couvrant d'un côté de splendeur et de magnificence, et de l'autre d'hommes imperturbablement heureux.

On ne doit donc avoir besoin de rien de plus pour déterminer les gouverneurs de la terre à saisir ce moyen précieux, et à le substituer à tous ceux sur lesquels ils ont si vainement fondé jusqu'ici l'économie politique de leurs peuples, que de le leur présenter clairement sous toute sa puissance ; et c'est ce qu'on va faire.

Mais comme nul peuple ne peut avoir besoin, pour devenir capable de développer sa prospérité dans une progression non interrompue et continuellement croissante, de multiplier sa circulation générale, et par conséquent la masse de ses métaux précieux à l'infini, on circonscrira le crédit public dans des limites raisonnables, et on lui attribuera seulement le pouvoir de multiplier artificiellement toute masse naturelle de métaux précieux dans la proportion d'un à vingt-cinq, ou, ce qui est la même chose, le pouvoir d'opérer continuellement une circulation générale vingt-cinq fois aussi grande que le seroit

celle qui résulteroit des seuls métaux précieux en nature, qui serviroient dans chaque cas de gage à ses émissions.

Ainsi, c'est sur ce pied qu'on appli-
quera le crédit public à l'économie politique de l'espèce humaine; car ce n'est
plus que sous ce nom qu'on désignera le
crédit réalisable à des jours distinctement
énoncés, puisque de tous les crédits imaginables dans la circulation générale des
peuples cultivateurs, il est le seul qui
mérite ce nom.

Et pour la parfaite intelligence de la
manière dont les gouverneurs de la terre
ont pu devenir capables de se ménager
continuellement le commandement absolu
de tous les métaux précieux nécessaires
au développement imperturbable de la
prospérité de leurs peuples; on va leur
tracer les opérations du crédit public dans
un exemple.

On suppose donc qu'un peuple cultivateur a fait un progrès quelconque dans le développement de sa prospérité, c'est-à-dire qu'il a augmenté dans une proportion quelconque la masse des productions de son travail dans l'agriculture et dans la manufacture, puisque l'un est la même chose que l'autre, et qu'il a nécessairement besoin, pour ne pas décliner de ce progrès et pour s'y maintenir, que ses gouverneurs lui augmentent sa circulation générale de vingt millions de livres, cette somme étant jugée la juste proportion, dans laquelle le progrès dans sa prospérité exige qu'il augmente la masse de ses métaux précieux. Le mot livre n'est pris ici que dans un sens général, et sans application à aucune monnoie particulière.

Il est clair que les gouverneurs de ce peuple cultivateur, avant de pouvoir verser vingt millions de livres dans sa circulation générale, ont dû nécessairement avoir le commandement de cette somme; et l'on va leur faire voir comment le crédit public a pu les rendre capables de la créer immédiatement eux-mêmes dans leurs mains.

Aussi-tôt qu'ils auroient reconnu l'indispensable nécessité de cette opération pour les besoins de la circulation générale du peuple qu'ils gouverneroient, ils formeroient dans leurs mains et se donneroient par conséquent eux-mêmes vingt-cinq émissions du crédit public, représentatives chacune de 800,000 livres, et munies du pouvoir d'être successivement réalisables en métaux précieux dans l'intervalle de vingt-cinq ans, à raison d'une à la fin de chaque année.

Ces vingt-cinq émissions du crédit public seroient donc timbrées des nombres 1, 2, 3, 4, 5, &c. jusqu'à 25, pour fixer à chacune l'année à la fin de laquelle elle seroit réalisable. Et dans chacune des vingt-cinq émissions, les 800,000 livres pourroient être subdivisées en autant d'émissions partielles qu'on jugeroit à propos jusqu'à la plus basse de toutes, qu'on limiteroit de manière à laisser continuellement une proportion convenable de métaux précieux dans la circulation générale.

Immédiatement après avoir formé dans leurs mains les vingt-cinq émissions du crédit public, les gouverneurs du peuple cultivateur supposé déposeroient 800,000 livres de métaux précieux en nature, pour servir de gage à la réalisation de la première, en ajoutant à ce dépôt 200,000 livres de plus pour être appliquées, sur le pied d'un pour cent, à l'intérêt des vingt-cinq.

Immédiatement après la fin de la première année, et soit que la première des vingt-cinq émissions eût ou n'eût pas été présentée en totalité à sa réalisation, ils déposeroient de nouveau 800,000 livres de métaux précieux en nature, pour servir de gage à la réalisation de la seconde, en

ajoutant à ce dépôt 192,000 livres, pour
être appliquées à l'intérêt des vingt-quatre
restantes.

De même, immédiatement après la fin
de la seconde année, et soit que la seconde
des vingt-cinq émissions eût ou n'eût pas
été présentée en totalité à sa réalisation,
ils déposeroient de nouveau 800,000 livres
de métaux précieux en nature, pour servir de gage à la réalisation de la troisième,
en ajoutant à ce dépôt 184,000 livres,
pour être appliquées à l'intérêt des vingt-
trois restantes.

Et ils procéderoient ainsi jusqu'à la réalisation de la vingt-cinquième et dernière
émission, sous la plus absolue obligation
de consacrer à tous ces dépôts non-seulement une proportion correspondante de
leur revenu public ordinaire, mais de plus
un édifice particulier et librement accessi-
ble dans tous les temps à tous les ordres
d'hommes.

Telles seroient les conditions auxquelles les gouverneurs des peuples cultivateurs conformeroient inviolablement les opérations du crédit public dans le développement de la prospérité de ces peuples. Et dans cet ordre des choses, il seroit moralement impossible que les émissions du crédit public ne fussent pas continuellement reçues dans la circulation générale non-seulement avec la plus grande confiance, mais avec plus d'empressement que ne le seroient les métaux précieux en nature.

Car comme les métaux précieux qu'elles représenteroient se trouveroient continuellement prêts et déposés un an, et par conséquent long-temps avant les jours fixés à leur réalisation, il est évident qu'elles se trouveroient continuellement revêtues du pouvoir de se réaliser dans le plus haut degré de certitude.

On attribue au crédit public un intérêt annuel d'un pour cent, afin de lui assurer

continuellement dans la circulation générale une valeur supérieure à celle des métaux précieux. Car, comme il a dû devenir le seul principe actif de l'économie
politique des peuples cultivateurs, les individus de ces peuples ont dû avoir un
motif déterminant pour lui donner dans
tous leurs échanges la préférence sur les
métaux précieux en nature.

Voilà comment le crédit public peut
rendre les gouverneurs de la terre capables de multiplier continuellement eux-
mêmes dans leurs mains les métaux précieux, et de remplir ainsi dans la plus
parfaite indépendance de tout commerce
extérieur, de toute banque publique de
circulation, de toutes conquêtes, en un
mot, de tout autre concours que de celui
de leur seule volonté, la plus absolue condition de l'économie politique de leurs
peuples.

Mais après avoir fait voir aux gouver-

neurs du peuple cultivateur supposé avec
quelle facilité et quelle économie ils ont
pu devenir capables de se procurer les
vingt millions de livres nécessairement à
verser dans sa circulation générale, pour
la maintenir imperturbablement dans les
progrès de sa prospérité, il reste à leur
indiquer de quelle manière ils ont dû s'ac-
quitter de cet important devoir. Et c'est
ce qu'on va faire après avoir établi pré-
liminairement quelques principes fonda-
mentaux.

Du moment où les peuples cultivateurs
se sont déterminés à pratiquer leurs échanges, c'est-à-dire leurs achats et ventes
avec l'intervention des métaux précieux,
leurs consommateurs se sont naturellement divisés en deux classes essentiellement distinctes, en consommateurs indépendans et en consommateurs dépendans.

Par consommateur on doit entendre
dans les vrais principes de l'économie po-

litique, tout homme qui achète des productions de l'agriculture et de la manufacture, ou, ce qui est la même chose, de la subsistance et des choses façonnées et adaptées à des usages, dans la vue de les appliquer à ses propres besoins.

Les consommateurs indépendans d'un peuple cultivateur sont ceux qui peuvent continuellement devenir des acheteurs, sans avoir besoin pour cet effet d'être préalablement des vendeurs, et les consommateurs dépendans, ceux qui ne peuvent devenir des acheteurs qu'après avoir été des vendeurs.

A la première de ces deux classes de consommateurs appartiennent dans tout peuple cultivateur les hommes qui possèdent continuellement d'avance les métaux précieux, telle que puisse être la source constante dans laquelle ils les puisent ; et à la seconde, les agriculteurs et les manufacturiers, puisque ce n'est con-

tinuellement que par la vente de leur subsistance et de leurs choses, façonnées et
adaptées à des usages, qu'ils peuvent acquérir les métaux précieux. Et de cet
ordre de choses émanent clairement trois
grands principes dans l'économie politique des peuples cultivateurs.

Le premier que dans tout peuple cultivateur la consommation des agriculteurs
et des manufacturiers suppose nécessairement avant elle celle des consommateurs
indépendans, puisque ce n'est que des
seules mains de ces consommateurs que
les agriculteurs et les manufacturiers peuvent recevoir les métaux précieux nécessaires pour pouvoir devenir à leur tour
des consommateurs, savoir, les agriculteurs, de choses façonnées et adaptées à
des usages, et les manufacturiers, de subsistance.

Le second que dans tout peuple cultivateur la consommation actuelle des

consommateurs indépendans devient la
mesure de la consommation possible des
agriculteurs et des manufacturiers, puisqu'il est impossible que ces deux classes
d'hommes puissent excéder dans leur consommation les métaux précieux qu'ils re-
çoivent des mains des consommateurs indépendans en échange de leur subsistance
et de leurs choses façonnées et adaptées à
des usages.

Le troisième, que dans tout peuple cultivateur, la consommation des consommateurs indépendans, détermine la consommation générale. Car comme la consommation générale d'un peuple cultivateur
embrasse dans sa totalité la consommation
des consommateurs indépendans et celle
des agriculteurs et des manufacturiers,
et que la première de ces deux consommations est la mesure de la seconde, il
est évident que dans le cours naturel des
choses, la consommation générale d'un
peuple cultivateur est en raison directe

de celle de ses consommateurs indépendans.

Or, comme dans tout peuple cultivateur la consommation générale consiste
dans l'universalité des échanges de subsistance et de choses façonnées et adaptées
à des usages, qui s'effectuent entre ses
consommateurs indépendans, ses agriculteurs et ses manufacturiers, et que c'est
dans l'universalité de ses échanges que
consiste la circulation générale; il est manifeste que la circulation générale d'un
peuple cultivateur est, comme sa consommation générale, en raison directe de
la consommation de ses consommateurs
indépendans.

Ainsi, toute variation qu'éprouve un
peuple cultivateur dans la consommation
de ses consommateurs indépendans, opère
naturellement une variation égale dans sa
circulation générale et par conséquent
dans sa prospérité. Et de-là deux vérités

importantes dans l'économie politique des peuples cultivateurs.

La première, qu'un peuple cultivateur n'est dans un cours de progrès continuellement croissans dans sa circulation générale, et par conséquent dans sa prospérité, que lorsque ses consommateurs indépendans font des progrès continuellement croissans dans leur consommation.

La seconde, qu'un peuple cultivateur décline, s'arrête ou rétrograde nécessairement dans les progrès de sa circulation générale et par conséquent dans ceux de sa prospérité, lorsque ses consommateurs indépendans déclinent, s'arrêtent ou rétrogradent dans leur consommation.

Ces indubitables vérités, que l'on vient de développer si démonstrativement de la vraie nature de l'économie politique des peuples cultivateurs, apprennent donc aux gouverneurs du peuple cultivateur supposé, comment ils ont dû verser dans sa

circulation générale les vingt millions de
livres qu'ils se sont donnés par le crédit
public, et que c'est en vouant cette somme
immédiatement à leur consommation.

Car les gouverneurs des peuples cultivateurs ont non-seulement été destinés à
fournir eux seuls à ces peuples tous les
métaux précieux nécessaires au développe-
pement imperturbable de leur prospérité,
mais encore à être continuellement leurs
plus grands consommateurs, et par conséquent les plus grands promoteurs du
travail de leurs agriculteurs et de leurs
manufacturiers ; puisque leur consommation a dû non-seulement porter directement sur tous leurs besoins particuliers en
nécessités, en commodités et en agrémens
de la vie, mais de plus indirectement sur
une multitude de besoins publics, auxquels il a dû être de leur devoir, en leur
qualité de gouverneurs, de pourvoir avec
plus d'empressement encore qu'à leurs
besoins particuliers.

C'est à eux qu'il a dû appartenir de maintenir les agens nécessaires dans toutes les branches du gouvernement et de l'économie politique, comme aussi tous les hommes dont ils s'entoureroient dans leur pompe ; c'est à eux qu'il a dû appartenir de rendre les fleuves et les rivières navigables dans tout leur cours, de lier ensemble toutes les parties de leurs territoires par des communications faciles en chemins, en canaux et en ponts, de fonder de nouveaux villages, de nouveaux bourgs, de nouvelles villes par tout où les progrès de la population les demanderoient ; en un mot, c'est à eux qu'il a dû appartenir, de pourvoir généralement à tous les établissemens, soit de nécessité, soit de commodité, soit de pure magnificence, que la tranquillité, la sécurité et la splendeur de la prospérité de leurs peuples exigeroient.

Ce sont donc aussi eux qui indirectement ont dû être considérés comme les consommateurs de toute la subsistance et de toutes les choses façonnées et adaptées à des usages, que consommeroient ensemble directement tous les hommes, avec l'intervention et le concours desquels ils pourvoiroient continuellement à ces grands besoins publics. Et l'on va voir que c'est nécessairement par leur consommation directe et indirecte, qu'ils ont dû devenir la grande cause efficiente du développement progressif de la prospérité de leurs peuples.

Deux classes d'hommes, les agriculteurs et les manufacturiers, ont été destinés à tirer la terre, par leur travail, de l'état informe et sauvage dans lequel elle est sortie des mains de la nature; les agriculteurs, en enrichissant sa surface de toute la subsistance et de toutes les autres productions qu'elle a le pouvoir de jeter hors de son sein avec tant de profusion, et les manufacturiers en façonnant et adaptant dans tous les arts et dans tous les règnes de la nature les productions brutes à tous les usages possibles.

Pour déterminer les agriculteurs et les manufacturiers à multiplier leur travail et par conséquent les richesses naturelles et artificielles de la terre dans une progression non interrompue et continuellement croissante, rien de plus n'a dû être nécessaire qu'une troisième classe d'hommes, qui fût continuellement prête à consommer ces richesses en échanges de métaux précieux.

Et pour déterminer cette troisième classe d'hommes à consommer les richesses naturelles et artificielles de la terre dans une progression non interrompue et continuellement croissante, rien de plus n'a dû être nécessaire, que de multiplier dans une pareille progression les métaux précieux dans ses mains.

Ainsi, gouverner un peuple cultivateur dans les vrais principes de l'économie politique, n'a dû être rien de plus que de multiplier continuellement les métaux

précieux à ses consommateurs indépendans, dans l'exacte proportion des progrès que feroient ses agriculteurs et ses
manufacturiers dans la multiplication des
richesses naturelles et artificielles de la
terre. Et c'est la raison pourquoi, dans
chaque peuple cultivateur, cette importante fonction a dû exclusivement appartenir à ses gouverneurs.

Car, les gouverneurs de chaque peuple
cultivateur sont de tous ses consommateurs indépendans les seuls capables de
remplir continuellement les deux grandes conditions qu'exige d'une manière si
absolue le cours imperturbable de sa
prospérité, puisqu'eux seuls peuvent multiplier à leur gré les métaux précieux
dans leurs mains par le crédit public, et
qu'eux seuls peuvent continuellement s'assurer par des signes certains des besoins
progressifs de la circulation générale,
pour y proportionner sans cesse leur
consommation directe et indirecte, et

par conséquent les émissions du crédit public.

Et tous les autres consommateurs indé-pendans d'un peuple cultivateur n'ont dû être dans le développement de sa prospé-rité que des consommateurs subordonnés et purement auxiliaires à ses gouverneurs, puisque ce n'est continuellement qu'à la multiplication progressive des émissions du crédit public dans la circulation générale, ou ce qui est la même chose , qu'au cours d'une prospérité continuellement crois-sante, qu'ils ont pu devoir la multiplica-tion progressive de leurs métaux précieux, et par conséquent celle de leur consom-mation en nécessités, en commodités et en agrémens de la vie.

On croit donc avoir démonstrativement prouvé dans cet écrit deux grandes vérités dans le gouvernement de l'espèce hu-maine ; la première, qu'avec l'assistance du crédit public proposé, rien ne manque aux gouverneurs de la terre pour élever leurs peuples imperturbablement à toute leur prospérité possible ; la seconde, que sans ce crédit, il est de toute impossibilité qu'aucun peuple de la terre puisse devenir capable de prospérer autrement que d'une prospérité précaire, et nécessairement sujette à décliner, s'arrêter et rétrograder.

Et s'il est impossible d'opposer le moindre doute à ces deux vérités, on doit être convaincu qu'il n'existe pas en Europe un seul peuple qui ne voulût voir le crédit public proposé, dans les mains de ses gouverneurs, s'il pouvoit avoir la certitude qu'ils effectueroient continuellement avec fidélité et ne violeroient jamais le dépôt des gages consacrés à ses émissions. Il ne reste donc plus qu'à pénétrer les peuples de cette confiance.

Comparer le crédit qu'on propose, à cette foule de crédits qu'on a pratiqués jusqu'ici sous tant de dénominations diffé-

rentes, non dans la vue d'avancer la prospérité des peuples, mais comme de purs
expédiens de finances, et le croire susceptible des mêmes vicissitudes auxquelles
ces crédits ont été si généralement sujets,
seroit confondre ensemble des choses si
généralement dissemblables dans toutes
leurs conditions, qu'elles n'ont de com-
mun entr'elles que le seul nom.

C'est dans leurs nécessités que les gouvernemens ont enfanté tous ces crédits,
et c'est dans leurs embarras qu'ils en ont
anéanti ou déprécié la valeur ; soit en les
multipliant alors au-delà de leurs moyens,
c'est-à-dire au-delà des métaux précieux
qu'ils étoient capables de commander pour
leur réalisation, soit en détournant de
leur réalisation les métaux précieux qu'ils
s'étoient engagés d'y destiner, pour les
vouer à d'autres usages.

Car, comment auroit-il été possible que
ces crédits eussent pu perdre de leur va-

leur dans l'opinion publique, et, ne pas être continuellement reçus dans la circulation générale précisément comme l'auroient été les métaux précieux qu'ils auroient représentés, si ces métaux avoient été continuellement prêts et déposés avant les jours fixés à leur réalisation ?

Et comment auroit-il été possible qu'on eût pu craindre que ces crédits n'eussent pas été inviolablement réalisés dans leur pleine valeur, si les gouvernemens n'avoient jamais eu ni pu avoir intérêt de toucher aux dépôts des gages consacrés à leur réalisation ?

Ce seroit donc sans fondement quelconque, qu'on imagineroit le crédit qu'on propose, exposé aux mêmes avilissemens qu'ont éprouvés, et dû nécessairement éprouver tous les autres crédits, puisqu'il est impossible de trouver une raison pourquoi, depuis l'instant de son émission jusqu'à celui de sa réalisation, il ne circuleroit pas invariablement sous toute la valeur des métaux précieux qu'il représenteroit.

Car ce crédit auroit non-seulement tous les métaux précieux qu'il représenteroit continuellement prêts et déposés un an avant les jours fixés à la réalisation de ses émissions ; mais des gardiens publics sur-veilleroient tous ces dépôts , et en garan-tiroient sans cesse et la ponctuelle exécu-tion et l'inviolable destination , comme on va le faire voir , en supposant pour un moment ce crédit établi dans quelqu'une des nations de l'Europe.

Si par exemple , le gouvernement de la Grande - Bretagne prenoit la résolution d'appliquer pour l'avenir le crédit qu'on propose , à son économie politique , on choisiroit annuellement dans le parlement sept membres qui répondroient à la nation de tous les dépôts qu'exigeroient graduel-lement pour leur réalisation , les émissions de ce crédit , et dont le ministère embrasseroit par conséquent , sans cesse , trois grandes fonctions.

La première , d'avoir soin que dans chaque opération du crédit public les métaux précieux que représenteroient les vingt-cinq émissions , fussent graduellement déposés avec ponctualité , savoir , ceux de la première avant qu'aucune fût sortie des mains du gouvernement pour être livrée à la circulation générale , et ceux de chacune des vingt-quatre autres, un an avant le jour fixé à sa réalisation.

La seconde, d'assigner aux dépôts de chaque opération du crédit public , dans l'édifice qui leur seroit approprié , une place particulière et séparée , avec une inscription en dehors, spécifiant la date et le montant de l'opération , ainsi que le montant de chaque émission; et de veiller à ce que jamais aucun de ces dépôts ne fût violé et détourné, en tout ou en partie, de sa destination.

La troisième, de tenir la main à ce que chaque émission du crédit public fût réalisée, c'est-à-dire, offerte à une réalisation effective, avec la plus grande exactitude, le jour même qu'elle seroit devenue réalisable, et sans jamais pouvoir éprouver, sous aucun prétexte quelconque, un seul instant de retard dans sa réalisation.

Et à raison de la haute confiance qui seroit ainsi placée dans ces gardiens de la foi publique, il leur seroit aloué des émolumens considérables. Mais aussi à la moindre négligence dont ils se rendroient coupables dans l'exercice de leurs importantes fonctions, ou au moindre retard qu'ils apporteroient à informer le parlement des infidélités que se permettroit le ministère dans l'exécution de ses engagemens, ils seroient non-seulement dégradés de leurs places dans ce corps, mais déclarés incapables pour le reste de leur vie d'occuper aucun emploi ni civil ni militaire, comme devenus indignes de confiance dans telle station que ce pût être.

Indépendamment de ces sept gardiens publics de tous les dépôts qu'exigeroient progressivement les émissions du crédit qu'on propose, les banquiers de Londres en seroient nommés les inspecteurs perpétuels ; et ces hommes, personnellement si intéressés au maintien du crédit public, députeroient non-seulement toutes les fois qu'ils le jugeroient à propos, des membres de leur corps, pour s'assurer par eux-mêmes de la fidélité des gardiens comme de celle du ministère dans l'exécution de leurs devoirs ; mais ils certifieroient chaque fois par écrit le vrai état des choses , et ce certificat seroit régulièrement inséré dans la gazette et dans tous les papiers-nouvelles pour l'information de toute la nation.

Et ces mêmes sûretés accessoires , dont on entoureroit le crédit public dans la

Grande-Bretagne , pourroient aussi lui
être appliquées sous des formes sembla-
bles , non-seulement en France et dans
tous les gouvernemens mixtes , mais sous
des formes différentes dans tous les gouvernemens absolus , sans excepter même
celui de la Turquie.

Mais ce qui assureroit sur-tout au crédit
public qu'on propose , une solidité iné-
branlable et le garantiroit pour toujours
de toute infidélité dans l'exécution de ses
conditions , seroit , qu'il ne pourroit jamais arriver aux gouvernemens qui le pra-
tiqueroient , d'avoir un seul instant intérêt
de toucher aux gages de ses émissions ,
pour les détourner de leur destination.

Car , comme ce crédit ne les obligeroit
jamais d'aliéner pour lui une partie de leur
revenu public ordinaire , et que tout celui
qu'ils appliqueroient à ses opérations ,
leur rentreroit continuellement après
vingt-cinq ans , il est démontré que les

deux tiers de leur revenu seroient perpétuellement plus que suffisans pour fournir
aux dépôts de toutes les émissions qu'exigeroit graduellement la complète circulation générale de leurs peuples, et qu'il
leur resteroit par conséquent sans cesse
un tiers libre pour les nécessités imprévues.

Et quand on parle de revenu public
ordinaire, on entend un revenu très-mo-
déré et bien au-dessous de ceux que tant
de gouvernemens ont forcés sur leurs peuples ; par exemple, pour la Grande-Bretagne, pas plus que la moitié de son revenu public actuel.

Car, il est de toute certitude que le gouvernement de la Grande-Bretagne ne s'est
vu réduit à la nécessité d'arracher successivement à la nation un si énorme revenu,
que par l'unique raison qu'il en a continuellement perdu la plus grande partie,
en l'aliénant à perpétuité, pour fournir à

l'intérêt de sa monstrueuse dette. Oppression funeste ! et à laquelle il n'auroit jamais pu avoir besoin de recourir, si chaque portion du revenu public, dont il auroit disposé, fût continuellement revenue dans ses mains après un intervalle de vingt-cinq ans.

Il seroit donc impossible qu'avec la libre disposition d'un tiers entier de son revenu ordinaire, aucun gouvernement pût jamais avoir ni raison ni prétexte d'être infidèle aux dépôts qu'il auroit consacrés aux opérations du crédit public, puisque les ressources qu'il garderoit sans cesse en réserve, le rendroient capable de faire face à toutes les dépenses extraordinaires, que des événemens imprévus pourroient lui imposer.

Et tout ministre qui se permettroit la moindre opération du crédit public, sans effectuer de la manière prescrite les dépôts en métaux précieux qu'elle exigeroit, ou

qui oseroit mettre la main sur ces dépôts
pour les enlever à leur destination, seroit
dans l'instant même destitué de sa place,
et irrémissiblement condamné pour l'é-
normité de son crime à une prison per-
pétuelle.

Seroit-il donc possible qu'avec tant de
sûretés intrinsèques et accessoires, dont
se trouveroit continuellement revêtu le
crédit public qu'on propose, et qu'aucun
autre crédit n'a présenté jusqu'ici, il ne
fût pas accueilli universellement avec la
plus entière confiance, et qu'il pût exister
un seul peuple qui ne fût pas prêt à le
recevoir avec empressement dans sa circulation générale sous toute la valeur des
métaux précieux qu'il représenteroit?

Quoi! les individus d'une nation seroient très-tranquilles, pour eux et pour
leurs descendans, sur l'exactitude des
paiemens successifs d'une annuité déterminée qu'ils auroient acquise du gouver-

nement chacun d'eux séparément , quoique les métaux précieux destinés à ces paiemens ne fussent jamais prêts et déposés d'avance, quoique personne ne veillât à leur fidelle exécution, et quoiqu'il fût au pouvoir d'un ministre d'y manquer impunément ; et ils pourroient ne pas être parfaitement tranquilles sur une annuité déterminée de vingt-cinq ans que le gouvernement leur accorderoit à tous collectivement , lorsque les métaux précieux que cette annuité représenteroit , se trouveroient continuellement prêts et déposés un an avant qu'elle fût réalisable , lorsque des gardiens publics répondroient de la ponctualité de sa réalisation, et lorsqu'aucun ministre ne pourroit y être infidèle sans s'exposer au plus sévère châtiment. Un pareil renversement de toute raison seroit certainement inconcevable.

Cependant , s'il se trouvoit un peuple assez insensé et assez ennemi de lui-même pour refuser sa confiance à l'unique moyen

par lequel ses gouverneurs peuvent devenir capables de le rendre imperturbablement heureux, le soumettre à ce moyen
par la contrainte , seroit exercer à son
égard le plus méritoire de tous les actes
de bienfaisance , puisque ce seroit forcer
sur lui le plus grand bien dont il puisse
être susceptible, une prospérité non interrompue et continuellement croissante. Et
cette contrainte ne deviendroit sans doute
pas long-temps nécessaire.

Après avoir démontré et distinctement
tracé aux peuples les immenses avantages
qu'ils auroient à se promettre du crédit public proposé, on va leur faire voir succinc-
tement, comment ce crédit les aideroit à se
délivrer graduellement de toutes les calamités qu'ont amenées et accumulées sur
eux cette multitude de crédits illusoires ,
par lesquels on a si souvent et si criminel-
lement abusé de leur bonne foi.

Et comme la Grande-Bretagne est de

toutes les nations de l'Europe celle qui a porté les plus grands désordres dans son économie politique, par les opérations de ce qu'elle a si improprement appelé crédit public, c'est à elle particulièrement qu'on va appliquer les remèdes que le crédit public proposé deviendroit capable d'apporter à sa situation. Et chaque autre nation pourroit ensuite faire usage de ces remèdes dans la proportion de ses propres maux.

Le crédit public qu'on propose procureroit d'abord à la Grande-Bretagne des moyens très-économiques pour se soulager de son immense dette, puisqu'avec l'assistance de ce crédit, elle pourroit rembourser au pair toute la dette qui porte cinq et quatre pour cent d'intérêt, sans avoir besoin de rien de plus ; savoir pour le remboursement de la dette à cinq pour cent, que du seul intérêt qu'elle coûte ; et pour celui de la dette à quatre pour cent, que d'ajouter à l'intérêt qu'elle porte un pour cent de plus. Un exemple de l'une et de l'autre des deux opérations va les mettre dans toute leur évidence.

Pour rembourser au pair avec le seul intérêt un capital quelconque de la dette publique portant cinq pour cent, par exemple, un capital de 10 millions, voici comment le gouvernement procéderoit. Il formeroit dans ses mains vingt-cinq émissions du crédit public, représentatives chacune de 400,000 livres, et successivement réalisables en vingt-cinq ans, à raison d'une à la fin de chaque année ; et avec ces vingt-cinq émissions, dont chacune pourroit être subdivisée en autant d'émissions partielles qu'il seroit jugé convenable, il rembourseroit à-la-fois les créanciers du capital des 10 millions.

Des 500,000 livres d'intérêt que porteroit ce capital, il destineroit 400,000 liv. à former les vingt-cinq dépôts qu'exigeroit graduellement la réalisation des vingt-cinq émissions, et il ajouteroit à ces dépôts les 100,000 livres restantes, pour être appliquées à l'intérêt des vingt-cinq émissions sur le pied d'un pour cent.

De même, pour rembourser au pair un capital de 10 millions de la dette publique portant quatre pour cent d'intérêt, le gouvernement procéderoit ainsi. Il formeroit dans ses mains vingt-cinq émissions du crédit public, représentatives chacune de 400,000 livres, et successivement réalisables en vingt-cinq ans, à raison d'une à la fin de chaque année; et avec ces vingt-cinq émissions dont chacune pourroit être subdivisée en émissions partielles, il rembourseroit à la fois les créanciers du capital des 10 millions.

Le 400,000 livres d'intérêt que porteroit ce capital, il les destineroit à former les vingt-cinq dépôts qu'exigeroit graduellement la réalisation des vingt-cinq émissions, et il ajouteroit à ces dépôts 100,000 livres de ses propres fonds, pour

être appliquées à l'intérêt des vingt-cinq
émissions sur le pied d'un pour cent.

De cette manière , le gouvernement
pourroit donc convertir en une annuité
déterminée de vingt-cinq ans , un capital
de 20 millions de la dette publique , portant moitié cinq et moitié quatre pour
cent d'intérêt , sans autre addition d'intérêt au-delà de celui que porteroit par
eux-mêmes les deux capitaux , que d'un
et demi pour cent ; et par conséquent ,
rembourser au pair un capital de 20 millions, avec la seule dépense extraordinaire
de deux millions et demi , c'est-à-dire du
huitième de ce capital.

La seule précaution que le gouvernement auroit à prendre dans ces opérations ,
seroit de les faire graduellement, et de ne
jamais embrasser à la fois un trop grand
capital , pour ne jamais verser à la fois
trop d'émissions du crédit public dans la
circulation générale , puisque , excéder

dans la multiplication artificielle des métaux précieux d'un peuple, les besoins de
sa circulation générale, seroit la plus
grande de toutes les calamités qu'il pût
éprouver dans son économie politique,
comme on l'a démontré dans cet écrit.

A l'égard de la dette portant trois pour
cent d'intérêt, on seroit en état de présenter au gouvernement pour la libération
de cette dette un plan infiniment simple,
et qui rempliroit à la fois les deux conditions que doit nécessairement embrasser la
libération de toute grande dette publique,
si elle ne doit pas être illusoire, savoir,
d'éteindre annuellement une proportion
du capital de la dette et de soulager aussi
annuellement la nation d'une proportion
de taxes, en commençant par celles qui
pèseroient le plus sur les classes inférieu-
res, et montant graduellement à celles qui
affecteroient le plus les hautes classes; au
lieu de ne s'occuper d'abord que de l'un,
c'est-à-dire de l'extinction de la dette, et

de renvoyer à l'avenir l'autre, c'est-à-dire le soulagement de la nation en taxes, comme on l'a fait jusqu'ici dans tous les plans de libération proposés.

Et avec l'assistance du crédit public proposé, le gouvernement deviendroit capable d'opérer et l'extinction de la dette et le soulagement de la nation en taxes, avec beaucoup plus de célérité et dans des proportions bien plus grandes, qu'il ne seroit en son pouvoir de le faire avec l'assistance d'un fonds d'amortissement tout nu; comme on seroit en état de le démontrer, si l'on ne s'étoit pas interdit dans cet écrit des calculs trop longs.

Quant au revenu public de la Grande-Bretagne, il seroit graduellement réduit à 12 millions, tant par l'extinction des taxes, qui résulteroit annuellement du plan de libération de la dette portant trois pour cent d'intérêt, que par les opérations du crédit public proposé.

Car, comme ce revenu public suffiroit au gouvernement pour le rendre capable de remplir continuellement l'objet final de l'économie politique de la nation, c'est-à-dire de multiplier la circulation générale et par conséquent la prospérité de la nation dans une progression non interrompue et continuellement croissante, ce seroit manifestement contre toute raison qu'il chercheroit à s'en donner un plus grand.

Et lorsque par degrés, le gouvernement seroit enfin parvenu à l'heureux moment d'avoir banni le désordre de toutes les branches de l'économie politique, au point de n'avoir plus besoin pour tout revenu public que de 12 millions, il aboliroit pour toujours toutes les taxes qui subsisteroient encore sur les terres, sur les maisons, sur les consommations, et généralement sur telles choses ou à l'occasion de telles choses que ce pût être, pour ne plus puiser son revenu public tout entier que dans une seule et unique source, dans le revenu annuel de chaque individu.

Pour cet effet, chaque individu de la Nation déclareroit de bonne foi son revenu annuel, de telle nature qu'il pût être, et le gouvernement lèveroit annuellement sur celui de chaque consommateur indépendant cinq pour cent, et deux pour cent sur celui de chaque agriculteur et manufacturier, sans que jamais aucun individu de ces trois classes d'hommes pût avoir à contribuer au revenu public, au-delà de ces proportions, ni sur une évaluation de son revenu annuel, plus forte que celle qui résulteroit de sa première déclaration, et qui seroit l'immuable règle sur laquelle se mesureroit pour toute sa vie sa contribution publique, telle augmentation qu'il pût donner à son revenu annuel.

Car, prendre l'accroissement du revenu public dans une accumulation de taxes sur les mêmes individus, est une oppression qu'abhorrent les vrais principes de l'économie politique ; puisque dans ces principes ce n'est continuellement que sur les contributions des nouveaux hommes, c'est-à-dire, des nouveaux consommateurs, des nouveaux agriculteurs et des nouveaux manufacturiers, dont les progrès dans la prospérité des peuples enrichiroient graduellement leur population, que les gouvernemens ont dû accroître leur revenu annuel.

La Grande-Bretagne devroit aussi bien vîte au crédit public proposé, de voir disparoître de dessus son territoire ces honteuses et affligeantes enseignes d'une économie politique radicalement vicieuse, on veut dire, cette multit..de d'édifices publics, destinés au maintien des pauvres; puisqu'une prospérité continuellement croissante ne les laisseroit pas long-temps subsister; et les énormes contributions levées à raison de ces établissemens s'étein-

droient par degrés, au grand soulagement des contribuables.

En un mot, il n'y a désordre quelconque dans toute l'économie politique de la
Grande-Bretagne, auquel, avec l'aide du
crédit public proposé, le gouvernement
ne devînt capable de remédier avec bien
plus d'efficacité, et bien plus prompte-
ment qu'il ne seroit en son pouvoir de le
faire par tout autre moyen; comme il ne
seroit pas difficile de l'en convaincre, si
la briéveté qu'on s'est imposée dans cette
écrit le permettoit, et si l'on n'avoit pas
lieu de se persuader qu'il s'en convaincra
facilement par lui-même.

Il est manifeste qu'en traçant à la Grande-
Bretagne les puissans secours qu'elle pourroit se promettre du crédit public proposé
pour sa régénération, on les a aussi tra-
cés à toutes les autres Nations de l'Europe, et moins l'économie politique d'une
Nation se trouveroit désordonnée, ou

ce qui est presque la même chose, moins
sa dette et ses taxes approcheroient de la
dette, et des taxes de la Grande-Bretagne,
comme ce seroit le cas de la France, depuis qu'elle s'est déjà tant allégée par ses
remèdes révolutionnaires, moins aussi
faudroit-il de temps à son gouvernement,
pour extirper de son sein tout ce qui pourroit contrarier l'imperturbable développement de sa prospérité.

Et pour rendre le gouvernement de la
France parfaitement capable de remplir
le double objet, de purger son économie
politique de tout ce qu'elle peut encore
avoir de vicieux, et de mettre la Nation
dans un cours de progrès non interrompus
et continuellement croissans dans le développement de sa population, de son agriculture et de sa manufacture; on ne lui
demanderoit pour tout revenu public que
400 millions de livres. Car avec ce seul
revenu annuel, artificiellement multiplié
par le crédit public, proposé et continuel-

lement appliqué à la circulation générale de la France, dans ses justes proportions ; cette Nation pourroit graduellement déployer sur son territoire, universellement couvert de splendeur et de magnificence, une population heureuse de cent millions d'ames, quelque incroyable que cela puisse paroître à ceux qui ne savent apprécier la prospérité possible des peuples, que d'après les faux principes, et les impuissans moyens sur lesquels on a fondé jusqu'ici le gouvernement de l'espèce humaine.

On va finir ce petit écrit par une observation de la plus haute importance, dans l'ordre général des sociétés humaines. Jusqu'ici on a pensé que l'objet final de tout bon gouvernement, devoit être de garantir aux peuples leur liberté, contre les abus du pouvoir suprême, dans telles mains que ce pouvoir pût être placé, dans celles d'un seul, ou dans celles de plusieurs, et l'on a imaginé et essayé pour cet effet

d'innombrables expédiens. Mais c'est à ce
funeste égarement des législateurs de la
terre, que l'espèce humaine a dû dans
tous les temps ses malheurs et ses crimes.

Car, si gouverner un peuple par des
moyens incapables de le faire prospérer
imperturbablement, c'est nécessairement
tôt ou tard le faire décliner, ou rétrograder
dans sa prospérité; et si faire décliner ou rétrograder un peuple, c'est nécessairement
le corrompre dans son moral; il est de toute
certitude, que nul peuple de la terre ne peut
se maintenir libre sous tel gouvernement
que ce puisse être, si ce gouvernement est
incapable de lui développer sa prospérité,
dans une progression non interrompue, et
continuellement croissante; puisqu'il est
de toute impossibilité, qu'aucun peuple de
la terre puisse être à la fois corrompu et libre, et ne pas devenir indifférent sur sa liberté en raison exacte de sa corruption.

S'il étoit possible qu'il existât un hom-

me qui pût douter de cette vérité, il n'auroit qu'à parcourir, depuis les premières
annales de l'espèce humaine jusqu'à ce
jour, l'histoire de toutes les Nations qu'on
a cherché à rendre libres, sans les rendre
imperturbablement heureuses, et il n'en
trouveroit pas une que les chimériques
combinaisons, pour le maintien de sa liberté, n'ayent méthodiquement amenée
avec le temps à la plus grande corruption
et de-là au plus vil esclavage.

Problème funeste ! mais dont la solu-
tion est fondée sur l'expérience de tous les
siècles et de tous les peuples. Voulez-vous
conduire un peuple graduellement à tous
les forfaits et à tous les crimes possibles,
et définitivement par ses forfaits et ses crimes, au plus hideux de tous les esclavages?
imaginez pour lui une de ces formes de gouvernemens que vous appelez libres, et ne
le faites prospérer sous cette forme de
gouvernement que d'une prospérité précaire, c'est-à-dire nécessairement sujette

à décliner ou rétrograder, et vous forcerez sur lui cette horrible calamité par le plus complet succès.

Car ce n'est pas un peuple que son gouvernement n'a jamais fait prospérer , qui se corrompt dans son moral ; mais un peuple que son gouvernement , après l'avoir fait prospérer pendant un temps, fait ensuite décliner ou rétrograder dans sa prospérité , puisque c'est alors qu'il cherche à se procurer son bien-être physique devenu difficile à obtenir par tous les moyens et tous les crimes possibles, comme on l'a si démonstrativement prouvé dans l'ouvrage dont cet écrit n'est qu'un court extrait , et comme l'expérience l'a prouvé si universellement dans tous les peuples de la terre , que leurs gouverneurs n'ont pas été capables de maintenir imperturbablement dans les progrès de leur prospérité.

On changeroit donc le gouvernement

d'un peuple mille fois de suite dans ses
formes, et chaque fois on imagineroit de
nouvelles précautions contre l'abus du
pouvoir suprême; si en même temps on
n'appliquoit pas à l'économie politique de
ce peuple un principe actif capable de l'é-
lever imperturbablement à toute sa prospérité possible, on n'auroit rien fait de plus
que de se repaître pour lui de chimères.

Et comme appliquer à l'économie politique d'un peuple un principe actif capable de l'élever imperturbablement à
toute sa prospérité possible, est praticable
indistinctement sous toutes les formes de
gouvernemens, quoique le temps appren-
droit sans doute que les plus simples seroient les plus convenables, on voit combien on s'est tourmenté sans nécessité à
faire passer les peuples d'une forme de
gouvernement à une autre; combien sur-
tout est énorme le crime dont on se rend
coupable envers l'humanité, lorsqu'on
force ces inutiles révolutions par le sang

et le carnage, et combien sont destitués
de toutes raisons ces éloges pompeux que
quelques nations prodiguent dans leur
ignorance à leurs formes de gouvernemens, puisqu'il est de toute impossibilité
qu'avec rien de plus que l'aide nue de
telle forme de gouvernement que ce puisse
être, aucun peuple de la terre puisse devenir capable de remplir l'objet final de
son économie politique, c'est-à-dire de
prospérer imperturbablement.

Législateurs de la terre! jusqu'ici vous
n'avez réussi nulle part ni ne réussirez jamais à rendre les peuples imperturbablement libres, de la liberté que vous avez
imaginée pour eux, et il est temps que vous
cessiez de chercher si vainement l'essence
des gouvernemens dans leurs formes, dans
l'équilibre de leurs pouvoirs, et dans ce
que vous appelez leurs loix fondamentales.
Voulez-vous que vos succès deviennent
enfin infaillibles? Rendez les peuples imperturbablement heureux, comme ce doit

être le grand et l'unique objet de tout vrai gouvernement d'hommes, et comme le moyen qu'on vous indique vous en donne le plus absolu pouvoir, et vous les rendrez imperturbablement libres de leur vrai liberté.

Vous béniriez même la terre naturellement d'un autre grand bienfait. Car, il seroit moralement impossible que la guerre, cet horrible fléau, pût ne pas cesser d'elle-même à désoler la terre, lorsqu'enfin chaque gouvernement se seroit déterminé à fonder l'économie politique de son peuple sur le crédit public proposé, puisque tous sentiroient alors que rien ne pourroit être plus insensé de leur part, que de chercher à se donner des accroissemens d'hommes et de revenus par les calamités et les crimes des conquêtes, lorsqu'il dépendroit d'eux d'une manière absolue de multiplier les uns et les autres indéfiniment et par les plus purs moyens dans leur propre sein.

FIN.